Rufino Villalobos

Cambiando el Juego
Nuevos Patrones de una Sociedad Evolutiva

RUFINO VILLALOBOS

CAMBIANDO EL JUEGO

NUEVOS PATRONES DE UNA SOCIEDAD EVOLUTIVA

Dedicado a mis padres, Rufino Villalobos y Blanca Fuentes, quienes, con un profundo sentido de responsabilidad y unos valores morales incuestionables, asumieron con firmeza y sabiduría los roles que les correspondían. A través de su ejemplo y entrega, supieron inculcar en nosotros los valores morales y principios que guían nuestras vidas.

Gracias por ser el pilar de nuestra educación y el reflejo de todo lo que somos.

Introducción

Este libro ofrece un análisis profundo sobre cómo las leyes de inclusión, derechos humanos, derechos de los niños y adolescentes, y la igualdad de género han transformado la moralidad y la educación en nuestras sociedades contemporáneas. A lo largo del texto, se examina cómo estos cambios han desafiado las normas tradicionales que solían guiar la crianza y la educación de las generaciones pasadas.

El autor argumenta que, si bien estas leyes fueron implementadas con la intención de proteger y promover la equidad y la libertad, han generado un desequilibrio en la autoridad parental y educativa, resultando en lo que muchos perciben como un creciente libertinaje en lugar de una verdadera libertad.

A través de un enfoque crítico, el libro explora las consecuencias sociales y culturales de estas transformaciones, analizando cómo han cambiado los patrones de comportamiento, debilitado la autoridad de los padres, y afectado el sistema educativo. Además, se presentan estudios de caso y testimonios que ilustran los impactos concretos de estas leyes en la vida cotidiana de las familias y las instituciones educativas.

En la parte final, el autor propone soluciones que buscan restaurar el equilibrio entre la protección de los derechos individuales y la autoridad necesaria para la formación de los jóvenes. Se concluye con una reflexión sobre el futuro de la moralidad y la educación en una sociedad cada vez más compleja y diversa.

Este libro es un recurso indispensable para padres, educadores, legisladores y cualquier persona interesada en entender y enfrentar los desafíos que plantea la evolución de las normas morales y educativas en el mundo moderno.

1

Contextualización Histórica

A través de la historia, la moralidad y la educación han servido como los cimientos de cualquier sociedad funcional. Las normas morales, moldeadas por tradiciones, costumbres y principios religiosos, fueron diseñadas para cohesionar a las comunidades, estableciendo un orden implícito que definía no solo las acciones correctas o incorrectas, sino también los roles sociales. Este sistema proporcionaba claridad y estabilidad, elementos cruciales en tiempos donde la supervivencia dependía de la unidad y la cooperación.

En las sociedades tradicionales, la familia era más que una unidad nuclear; era el microcosmos donde los valores fundamentales de la sociedad eran enseñados y reforzados. Los padres, especialmente, asumían un papel de liderazgo indiscutible, operando bajo la premisa de que su experiencia y sabiduría les otorgaban el derecho y el deber de guiar a sus hijos. La educación moral se transmitía a través de lecciones prácticas, ejemplos vivos y, en muchas ocasiones, mediante la disciplina. La disciplina, lejos de ser vista como una imposición arbitraria, era entendida como una herramienta necesaria para inculcar autocontrol, respeto por las normas y responsabilidad individual.

La religión amplificaba este esfuerzo educativo, ofreciendo un marco ético que servía tanto para validar las normas sociales como para motivar el cumplimiento de las mismas. Las narrativas religiosas proporcionaban no solo una comprensión de lo correcto e incorrecto, sino también un sentido de propósito y pertenencia dentro de un orden divino. Este enfoque integrador aseguraba que la moralidad no fuera vista como una imposición externa, sino como una virtud inherente al carácter humano.

Sin embargo, este modelo, aunque eficaz en su contexto, tenía limitaciones. La rigidez de las normas y la falta de cuestionamiento de la autoridad perpetuaban desigualdades y excluían voces disidentes, generando tensiones que, eventualmente, impulsarían el cambio.

En las últimas décadas, el auge de leyes de inclusión y derechos humanos ha marcado una transformación sin precedentes en la estructura social y familiar. Estas normativas, nacidas de la necesidad de corregir injusticias históricas, han redefinido conceptos fundamentales como autoridad, disciplina y libertad. En su núcleo, buscan equilibrar la balanza, empoderando a los individuos, especialmente a aquellos que tradicionalmente fueron marginados, como niños, adolescentes, mujeres y minorías.

No obstante, estos avances han generado un profundo impacto en las relaciones familiares y educativas. La autoridad parental, que alguna vez fue la piedra angular de la moralidad y la educación, ha sido cuestionada por nuevas interpretaciones de derechos individuales. Los padres se encuentran ahora navegando en un terreno incierto, donde los límites de su autoridad son difusos y constantemente desafiados.

Por ejemplo, la disciplina, que en el pasado se consideraba una herramienta formativa, ha sido estigmatizada en muchos contextos modernos. En su lugar, se ha promovido una educación basada en el diálogo y la negociación, que, aunque valiosa, puede carecer de la estructura necesaria para guiar a los jóvenes en momentos de crisis o incertidumbre.

Además, la expansión de las libertades individuales ha dado lugar a una interpretación más permisiva de la moralidad, donde las normas sociales son vistas como obsoletas o restrictivas. Esto ha llevado a lo que algunos denominan un "desorden moral," caracterizado por una creciente desconexión entre los derechos individuales y las responsabilidades colectivas.

El impacto de este cambio es especialmente evidente en el ámbito educativo. Las instituciones educativas, que solían complementar el esfuerzo moral y disciplinario de los padres, ahora enfrentan desafíos similares. Profesores y administradores luchan por encontrar un equilibrio entre respetar los derechos de los estudiantes y mantener un ambiente propicio para el aprendizaje y la convivencia.

Por otro lado, los padres, al ver disminuida su autoridad, experimentan frustración e impotencia. Muchos sienten que han perdido herramientas esenciales para formar a sus hijos en un mundo donde las influencias externas, como las redes sociales y los medios de comunicación, a menudo contradicen los valores que intentan inculcar dentro del núcleo familiar.

El objetivo de este libro es analizar cómo se ha producido este cambio, cuáles han sido sus efectos en la sociedad, y qué alternativas podrían existir para restaurar un equilibrio entre la protección de los derechos individuales y la necesidad de mantener una estructura de autoridad y moralidad que asegure la formación de ciudadanos responsables y respetuosos de las normas sociales.

2

Análisis de las Leyes y su Impacto

Leyes de Inclusión y Derechos Humanos

Las leyes de inclusión y los marcos de derechos humanos han transformado profundamente las estructuras sociales y las relaciones de poder. Estas leyes se diseñaron para garantizar que todos los individuos, independientemente de su raza, género, orientación sexual, religión o discapacidad, sean tratados con igualdad y respeto. Aunque este enfoque ha contribuido significativamente a la lucha contra la discriminación y la exclusión, también ha generado cambios en la percepción de la autoridad, especialmente dentro de la familia y las instituciones educativas.

Impacto en la Autoridad Familiar y Educativa

Tradicionalmente, la autoridad de los padres y educadores se basaba en la capacidad de imponer normas y expectativas claras, muchas veces sin cuestionamientos. Sin embargo, las leyes de inclusión han promovido un enfoque donde los derechos individuales están en primer plano, lo que a menudo ha llevado a cuestionar estas formas de autoridad.

En las escuelas, por ejemplo, se han implementado políticas que buscan asegurar que todos los estudiantes se sientan incluidos y respetados, lo que, aunque positivo, ha llevado a situaciones donde la disciplina y la imposición de reglas pueden verse como prácticas opresivas o discriminatorias. La creciente importancia de los derechos de los estudiantes, incluyendo su derecho a expresarse y a no ser discriminados, ha limitado la capacidad de los educadores para imponer disciplina de manera efectiva, creando un entorno donde la autoridad es constantemente desafiada.

Controversias y Casos Concretos

La implementación de estas leyes ha generado controversias en varios contextos. Un caso relevante es el de los sistemas escolares donde las políticas de inclusión han chocado con las normas disciplinarias tradicionales. En algunos lugares, se ha reportado que las políticas destinadas a proteger a estudiantes con necesidades especiales o a aquellos que pertenecen a minorías étnicas o sexuales han llevado a una percepción de favoritismo, lo que ha generado tensiones entre los estudiantes y ha debilitado la autoridad de los maestros.

Un ejemplo paradigmático puede encontrarse en el debate sobre la libertad de expresión en las escuelas. Mientras que las leyes de inclusión buscan proteger la expresión individual, los maestros y directores a menudo enfrentan desafíos al intentar mantener el orden y el respeto en el aula, especialmente cuando la expresión de un estudiante entra en conflicto con las normas establecidas.

Derechos de los Niños y Adolescentes

La protección de los derechos de los niños y adolescentes ha sido un avance crucial en la lucha por asegurar el bienestar y la dignidad de los menores. Estas leyes se han centrado en proteger a los niños de abusos, negligencia, explotación y otras formas de maltrato, garantizando que crezcan en entornos seguros y propicios para su desarrollo.

Impacto en la Disciplina y la Educación Parental

Una de las áreas más afectadas por estos derechos ha sido la capacidad de los padres para disciplinar a sus hijos. En muchas sociedades, las formas tradicionales de disciplina, que incluían castigos físicos y estrictas reglas de obediencia, han sido cuestionadas y, en algunos casos, prohibidas por ley. Estas prohibiciones, aunque bien intencionadas, han llevado a un debate sobre el equilibrio entre la protección de los derechos del niño y la necesidad de los padres de mantener la autoridad en el hogar.

Algunos críticos argumentan que la creciente atención a los derechos de los niños ha debilitado la capacidad de los padres para imponer límites y guiar a sus hijos. Esto se ve en situaciones donde los niños, conscientes de sus derechos, desafían abiertamente la autoridad parental, creando una dinámica en la que los padres se sienten impotentes o inseguros sobre cómo ejercer su rol de manera efectiva sin violar las leyes.

Reflexiones sobre el Equilibrio entre Protección y Autoridad

El desafío principal radica en encontrar un equilibrio entre proteger a los niños de abusos y permitir que los padres ejerzan la autoridad necesaria para educarlos de manera efectiva. Mientras que el castigo físico está generalmente condenado, surge la pregunta de qué herramientas quedan disponibles para los padres que desean imponer disciplina sin recurrir a medidas que puedan ser vistas como represivas o abusivas.

Es crucial que las políticas y las leyes en torno a los derechos de los niños incluyan una comprensión clara de las responsabilidades de los padres y los límites de estos derechos. Sin una orientación adecuada, las familias pueden sentirse desorientadas, sin saber cómo disciplinar y guiar a sus hijos de manera efectiva en un entorno legal que prioriza los derechos individuales sobre la autoridad tradicional.

Igualdad de Género

Los avances en igualdad de género han sido uno de los logros más significativos de las últimas décadas. Las políticas y leyes en este ámbito han promovido la equidad entre hombres y mujeres en diversas esferas de la vida, desde el ámbito laboral hasta el hogar. Estos cambios han redefinido los roles de género tradicionales, lo que ha tenido un impacto profundo en las dinámicas familiares y educativas.

Redefinición de Roles en la Familia

Tradicionalmente, los roles de género estaban claramente definidos, con los hombres asumiendo el rol de proveedores y las mujeres el de cuidadoras. Las leyes y políticas de igualdad de género han desafiado y transformado esta estructura, promoviendo la participación equitativa de ambos géneros en todas las áreas de la vida. Este cambio ha sido positivo en términos de abrir oportunidades y garantizar derechos, pero también ha generado nuevas dinámicas que no siempre son fáciles de manejar.

En el contexto familiar, la igualdad de género ha llevado a una redistribución de responsabilidades y roles. Mientras que esto ha permitido a las mujeres acceder a más oportunidades fuera del hogar, también ha planteado preguntas sobre cómo equilibrar estas nuevas responsabilidades con las tradicionales. En algunos casos, la redefinición de roles ha llevado a conflictos dentro del hogar, donde las expectativas de igualdad pueden chocar con las normas culturales o las experiencias previas de los miembros de la familia.

Impacto en la Educación y la Socialización

En el ámbito educativo, la igualdad de género ha impulsado cambios en cómo se socializa a los niños y niñas. Las escuelas han adoptado programas y políticas que buscan erradicar los estereotipos de género desde temprana edad, promoviendo la idea de que todos los géneros deben tener las mismas oportunidades y responsabilidades. Sin embargo, este enfoque también ha generado debates sobre la imposición de nuevas normas que, en algunos casos, pueden ser vistas como contrarias a las creencias tradicionales de algunas familias.

El desafío aquí es encontrar una manera de promover la igualdad de género sin crear tensiones innecesarias entre las instituciones educativas y las familias, especialmente en sociedades donde las normas de género tradicionales siguen siendo fuertes. Es necesario un diálogo continuo entre las partes para asegurar que los avances en igualdad no resulten en una fragmentación de la cohesión social o en un rechazo de las tradiciones que aún son valoradas por muchos.

Conclusión de la Sección

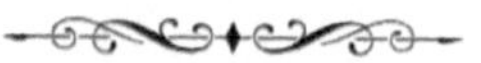

El análisis de las leyes de inclusión, derechos humanos, derechos de los niños y adolescentes, y de igualdad de género revela un panorama complejo en el que las intenciones de protección y equidad han tenido efectos profundos en la estructura social y familiar. Estos cambios, aunque han traído avances significativos en términos de derechos y justicia, también han creado nuevos desafíos en términos de autoridad, disciplina y cohesión familiar.

Es crucial que la sociedad reflexione sobre cómo estos marcos legales interactúan con las tradiciones y las dinámicas familiares. El objetivo debe ser encontrar un equilibrio donde los derechos individuales se respeten sin sacrificar la capacidad de los padres y educadores para guiar y educar a las nuevas generaciones de manera efectiva y moralmente coherente.

3

Consecuencias Sociales y Culturales

Cambios en los Patrones de Comportamiento

Las leyes y normativas introducidas en las últimas décadas han traído consigo cambios profundos en los patrones de comportamiento de las nuevas generaciones. Si bien estas normativas han sido diseñadas para proteger derechos y promover la inclusión, también han contribuido a una redefinición de lo que se considera libertad y comportamiento aceptable en la sociedad contemporánea.

La Autoridad Parental como Pilar Fundamental de la Sociedad

Desde tiempos inmemoriales, la autoridad parental ha sido el núcleo de la estructura familiar y, por ende, de la sociedad. En culturas tradicionales, los padres eran vistos como guías morales, fuentes de sabiduría y protectores del desarrollo integral de sus hijos. Este rol era respetado no solo dentro de la familia, sino también en la comunidad, donde la crianza se entendía como una responsabilidad colectiva respaldada por normas culturales y valores universales.

Sin embargo, en las últimas décadas, el concepto de autoridad parental ha sufrido un cambio significativo. Las transformaciones sociales y legales han erosionado la percepción de los padres como figuras de autoridad incuestionable, reemplazándola con un enfoque que prioriza la autonomía del menor. Este cambio ha sido impulsado por el surgimiento de normativas que buscan garantizar los derechos individuales, pero que en el proceso han generado consecuencias imprevistas para la dinámica familiar.

El Enfoque en los Derechos del Niño: Beneficios y Desafío

La Declaración de los Derechos del Niño de 1959, seguida por la Convención sobre los Derechos del Niño en 1989, marcaron un hito en la protección de los menores. Estas normativas establecieron que los niños son sujetos de derechos y no simples objetos de propiedad parental. Sin duda, estas medidas han sido fundamentales para prevenir abusos y garantizar condiciones dignas para la infancia.

No obstante, la implementación de estas leyes ha creado un nuevo paradigma que, en algunos casos, ha debilitado el equilibrio necesario entre derechos y deberes. Muchos padres sienten que cualquier intento de disciplinar o establecer límites podría interpretarse como una violación de los derechos del menor. Esto ha generado un ambiente de incertidumbre, donde el temor a represalias legales o sociales limita la capacidad de los padres para ejercer su rol formador.

Por ejemplo, en varios países, las leyes que prohíben el castigo físico, aunque bien intencionadas, han sido interpretadas de forma tan estricta que incluso las correcciones verbales pueden ser vistas como abusivas. Este marco ha llevado a una situación en la que algunos niños y adolescentes utilizan el conocimiento de sus derechos como una herramienta para evadir responsabilidades o desafiar la autoridad parental.

El Impacto Psicológico de la Pérdida de Autoridad

La ausencia de una autoridad clara en el hogar tiene un impacto profundo en el desarrollo emocional y psicológico de los niños. Los menores necesitan límites para sentirse seguros y comprender las dinámicas sociales. Cuando estos límites no son establecidos de manera firme y consistente, los niños pueden desarrollar una percepción distorsionada de la libertad, asociándola con la ausencia de responsabilidad o consecuencias.

Además, la falta de autoridad parental puede generar confusión en los roles familiares. Los padres que temen disciplinar a sus hijos pueden ser percibidos como figuras débiles o irrelevantes, mientras que los niños pueden asumir un rol de poder que no están preparados para manejar. Esto no solo afecta la dinámica familiar, sino que también puede llevar a problemas de conducta, como el aumento de la rebeldía, la impulsividad y la dificultad para aceptar normas en otros entornos, como la escuela o el trabajo.

El Efecto en las Relaciones Familiares

La inversión de roles entre padres e hijos, donde los menores cuestionan constantemente las decisiones de los adultos, ha creado un entorno donde la negociación reemplaza a la guía parental. Aunque el diálogo es fundamental en cualquier relación, la necesidad constante de justificar las decisiones de los padres puede socavar su autoridad y generar tensiones innecesarias.

Por ejemplo, los padres que intentan establecer límites sobre el uso de dispositivos electrónicos o el acceso a redes sociales a menudo enfrentan resistencia por parte de sus hijos. En muchos casos, esta resistencia se intensifica cuando los menores argumentan que tienen "derecho" a la privacidad o al acceso irrestricto a la tecnología. Esta dinámica no solo erosiona la autoridad de los padres, sino que también crea un ambiente de conflicto constante que afecta la armonía familiar.

La Educación y el Rol del Estado

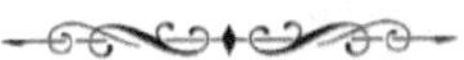

Un factor clave en la pérdida de autoridad parental ha sido la intervención del Estado en áreas que tradicionalmente eran competencia exclusiva de la familia. Aunque estas intervenciones están destinadas a proteger a los menores, a menudo minan la confianza de los padres en su propia capacidad para tomar decisiones.

Por ejemplo, en algunos sistemas educativos, los padres tienen poca o ninguna influencia sobre el contenido que se enseña a sus hijos, especialmente en temas controvertidos como la educación sexual o la igualdad de género. Aunque estos temas son importantes, la exclusión de los padres del proceso educativo puede generar una desconexión entre los valores familiares y los mensajes transmitidos en las aulas.

La Tecnología como Factor Acelerador

El auge de la tecnología y las redes sociales ha exacerbado la pérdida de autoridad parental. Los niños y adolescentes de hoy tienen acceso a una cantidad ilimitada de información que a menudo contradice o desafía las enseñanzas de sus padres. Además, las redes sociales ofrecen una plataforma para que los menores expresen opiniones sin filtro y reciban apoyo externo, lo que puede reforzar actitudes de desafío hacia la autoridad parental.

Por ejemplo, un adolescente que publica en redes sociales una queja sobre las reglas impuestas por sus padres puede recibir comentarios de apoyo que validan su perspectiva y debilitan aún más la posición de los padres. Este fenómeno ha creado una nueva dinámica de poder, donde los menores pueden recurrir a sus comunidades virtuales para resistir la disciplina en el hogar.

Del Concepto de Libertad al Libertinaje: Una Transformación Cultural Profunda

En las generaciones pasadas, el concepto de "libertad" estaba arraigado en un marco de valores compartidos que delimitaban con claridad las acciones permitidas dentro de un equilibrio entre derechos y deberes. La libertad era vista no como un estado absoluto de autonomía, sino como un privilegio que debía ejercerse con responsabilidad. Este entendimiento implicaba que las decisiones individuales estuvieran guiadas por principios morales, normas sociales y un profundo respeto hacia las figuras de autoridad, las cuales desempeñaban un papel esencial en la cohesión y estabilidad de la comunidad.

La Evolución del Concepto de Libertad

Con la llegada de leyes y normativas modernas orientadas a proteger derechos individuales, la noción de libertad comenzó a expandirse, desafiando las definiciones tradicionales. Si bien estas normativas buscaban fomentar la equidad y la inclusión, también propiciaron una reinterpretación de lo que significa ser libre. En muchos casos, esta nueva versión de libertad fue interpretada como una "emancipación" de cualquier límite, autoridad o restricción. Este fenómeno ha derivado en lo que algunos críticos califican como "libertinaje": un ejercicio de la libertad que ignora las responsabilidades inherentes y menosprecia las consecuencias sociales y éticas de las acciones individuales.

Libertad vs. Libertinaje

El cambio de perspectiva ha transformado radical-
mente las dinámicas sociales y culturales. Mientras
que antes la libertad se asociaba con la capacidad de
actuar en armonía con las normas, ahora, en muchos
sectores de la sociedad, se ha desligado de cualquier
obligación hacia los demás. Esta desconexión ha llevado a una pérdida del sentido colectivo, donde la
búsqueda de la satisfacción personal inmediata y la
autoexpresión irrestricta prevalecen sobre la consideración hacia la comunidad.

El libertinaje, en este contexto, no solo refleja una
falta de respeto por las normas tradicionales, sino que
también promueve un desafío activo hacia cualquier
forma de autoridad. Este cambio ha generado un
clima de resistencia donde las normas son vistas como
opresivas y las figuras de autoridad, ya sean padres,
maestros o líderes comunitarios, enfrentan crecientes
dificultades para hacer cumplir los límites y preservar
un orden funcional.

Esta interpretación desenfrenada de la libertad ha tenido un impacto significativo en los patrones de comportamiento de las nuevas generaciones. En un entorno donde los derechos individuales son enfatizados por encima de las responsabilidades, se ha fomentado una mentalidad de autosuficiencia radical que muchas veces ignora las implicaciones de las acciones propias en el bienestar colectivo. Este enfoque ha dado lugar a actitudes como:

1. Rechazo a los límites: Las generaciones más jóvenes tienden a percibir cualquier intento de establecer normas o restricciones como una invasión a su autonomía, lo que resulta en un aumento de conductas desafiantes y, en ocasiones, antisociales.

2. Cultura del "yo primero": Se prioriza la satisfacción inmediata de los deseos personales, independientemente de las consecuencias para los demás, erosionando la empatía y la responsabilidad social.

3. Expresión sin filtros: Las plataformas digitales han amplificado esta tendencia, permitiendo y normalizando la exposición de pensamientos y comportamientos sin consideración hacia el impacto emocional o ético sobre otros.

Manifestaciones del Libertinaje en la Sociedad

El libertinaje ha encontrado en la tecnología y las redes sociales un catalizador que amplifica su alcance e impacto. Estas plataformas se han convertido en espacios donde los límites de lo aceptable y lo moral son desafiados constantemente. Entre las manifestaciones más evidentes, destacan:

- La exposición de lo privado: En la era digital, aspectos de la vida personal que antes se consideraban íntimos ahora se exhiben sin reservas. Esto no solo afecta la percepción de privacidad, sino que también fomenta una cultura de exhibicionismo que normaliza la vulnerabilidad emocional y social.

- Intolerancia hacia la diversidad de pensamiento: Irónicamente, en una sociedad que valora la inclusión y la diversidad, ha surgido una creciente intolerancia hacia opiniones contrarias. Las discusiones, tanto en el ámbito físico como digital, a menudo se transforman en confrontaciones hostiles donde prevalece el desprecio por las ideas diferentes.

- Desobediencia hacia la autoridad: La resistencia hacia figuras de autoridad es una de las manifestaciones más críticas del libertinaje. Padres, maestros y líderes comunitarios enfrentan un desafío constante al intentar imponer límites, lo que ha debilitado las estructuras que antes sostenían el orden y la disciplina en la sociedad. El auge del libertinaje plantea preguntas fundamentales sobre la sostenibilidad de una sociedad donde la libertad individual parece haber eclipsado la responsabilidad colectiva. En ausencia de límites claros, la convivencia se ve amenazada por un aumento en comportamientos desconsiderados que socavan la armonía social. Este fenómeno plantea desafíos para: la cohesión familiar, la estabilidad educativa y la armonía social.

1. La cohesión familiar: Las relaciones entre padres e hijos han sufrido un deterioro significativo. La falta de respeto hacia la autoridad parental dificulta la transmisión de valores fundamentales y deja a los padres inseguros sobre cómo disciplinar o guiar a sus hijos sin ser percibidos como opresores.

2. La estabilidad educativa: Los maestros, antes considerados pilares de la autoridad en las aulas, ahora enfrentan una creciente falta de res-

peto y obediencia, lo que afecta tanto el aprendizaje como la dinámica en las instituciones educativas.

3. La armonía social: En una sociedad fragmentada por la prioridad de los deseos individuales sobre las normas colectivas, surgen conflictos que complican la capacidad de establecer un consenso sobre lo que es aceptable y deseable en términos de comportamiento humano.

Reflexión Final: La Restauración del Equilibrio entre Libertad y Responsabilidad

El desplazamiento del concepto de libertad hacia el libertinaje representa, sin lugar a dudas, uno de los retos más complejos y significativos que enfrenta nuestra sociedad contemporánea. A medida que las normativas modernas han buscado expandir los derechos individuales y promover la equidad, también han generado efectos secundarios que, aunque no intencionados, han debilitado la relación intrínseca entre las libertades personales y las responsabilidades sociales. Este desequilibrio ha llevado a un escenario donde el ejercicio de la libertad, desprovisto de límites claros y de una comprensión profunda de sus implicaciones colectivas, amenaza la cohesión social y los valores fundamentales que nos permiten convivir en armonía.

En este contexto, es imperativo abordar la tarea de restaurar este equilibrio desde múltiples perspectivas, reconociendo que la verdadera libertad no puede ser concebida como un estado absoluto de autonomía individual, sino como un valor dinámico que requiere un balance constante entre derechos y deberes. Este esfuerzo debe comenzar con un replanteamiento cultural y educativo que revalide la importancia de las normas y principios que han sostenido históricamente nuestras sociedades.

Para superar el impacto del libertinaje, es esencial promover una cultura que no solo exalte la libertad, sino que también subraye la responsabilidad como su contraparte indispensable. Esto implica fomentar en los individuos, desde edades tempranas, una comprensión profunda de que sus acciones no ocurren en un vacío, sino dentro de un entramado social en el que cada decisión puede influir positiva o negativamente en el bienestar colectivo. En este sentido, la responsabilidad debe ser presentada no como una restricción de la libertad, sino como su complemento, un elemento esencial que le otorga propósito y legitimidad.

Las instituciones educativas desempeñan un papel crucial en este proceso. Más allá de transmitir conocimientos académicos, deben asumir la tarea de formar ciudadanos conscientes de su impacto en la sociedad. Esto incluye enseñar habilidades de resolución de conflictos, empatía y respeto hacia las normas, así como promover debates sobre los límites éticos de la libertad personal en relación con los derechos de los demás.

Un aspecto clave para restaurar el equilibrio es la redefinición del papel de las normas y la autoridad en la sociedad. Aunque las generaciones actuales tienden a percibir las reglas como elementos restrictivos y obsoletos, es fundamental destacar que estas no existen para limitar la libertad, sino para garantizar que esta sea sostenible y justa para todos. Las normas proporcionan una estructura que permite a los individuos coexistir de manera ordenada, previniendo que las libertades de unos interfieran con las de otros.

Asimismo, las figuras de autoridad, lejos de ser vistas como opresoras, deben ser revalorizadas como guías y protectores del orden social. Esto requiere un cambio en la percepción cultural, donde la autoridad no se interprete como una imposición arbitraria, sino como un mecanismo diseñado para proteger los derechos de la colectividad. Para ello, es necesario que quienes ocupan posiciones de poder ejerzan su autoridad con justicia, transparencia y empatía, ganándose así la confianza y el respeto de las comunidades a las que sirven.

Un Llamado a la Acción Colectiva

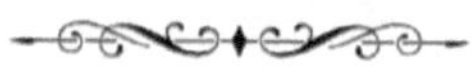

Restaurar el equilibrio entre libertad y responsabilidad no es una tarea que pueda recaer exclusivamente en un sector de la sociedad; requiere un esfuerzo colectivo y coordinado que involucre a todos los actores sociales: desde familias e instituciones educativas hasta gobiernos, empresas y medios de comunicación. Cada uno de estos actores tiene un papel esencial en la construcción de un entorno donde la libertad sea ejercida de manera consciente y respetuosa.

Las familias, como núcleo fundamental de la sociedad, deben asumir el desafío de inculcar en las nuevas generaciones valores como el respeto, la empatía y la responsabilidad. Los padres, en particular, tienen la oportunidad de enseñar con el ejemplo, demostrando cómo equilibrar las aspiraciones personales con el bienestar colectivo.

Por su parte, los gobiernos tienen la responsabilidad de legislar y diseñar políticas que promuevan este equilibrio, garantizando que los derechos individuales estén acompañados de las herramientas necesarias para que los ciudadanos comprendan y asuman sus responsabilidades. Esto incluye programas de educación cívica, iniciativas para fomentar la participación comunitaria y campañas que resalten la importancia de los valores compartidos.

Los medios de comunicación y las plataformas digitales, como formadores de opinión y cultura, deben desempeñar un papel más activo en la promoción de narrativas que celebren no solo el ejercicio de la libertad, sino también las acciones responsables que beneficien a la comunidad. Esto implica un cambio en el enfoque, alejándose de la glorificación del individualismo extremo para destacar historias de colaboración, respeto y construcción social.

En última instancia, el verdadero desafío radica en redefinir el significado de la libertad en nuestra era.

Esto no implica retroceder hacia restricciones innecesarias o autoritarismos disfrazados, sino avanzar hacia una concepción de la libertad que integre los valores de autonomía, respeto y responsabilidad en una sola visión. Una libertad verdaderamente plena no es aquella que permite a los individuos actuar sin límites, sino aquella que equilibra sus derechos con los deberes hacia los demás, promoviendo una convivencia armoniosa y sostenible.

El camino hacia este ideal no será fácil ni inmediato. Requiere una introspección profunda como sociedad, un compromiso para replantear nuestras prioridades y un esfuerzo consciente para construir un futuro donde la libertad sea un valor compartido y no un privilegio malentendido. Si logramos este equilibrio, habremos dado un paso crucial hacia la construcción de una sociedad más justa, respetuosa y cohesionada, donde la libertad y la responsabilidad no sean opuestos, sino aliados indispensables para el bienestar común.

4

Estudios de Casos

Estudios de Caso: Impactos Concretos de los Cambios en los Patrones de Comportamiento

Para ilustrar la magnitud de los cambios en los patrones de comportamiento provocados por el desplazamiento del concepto de libertad hacia el libertinaje, es esencial examinar casos específicos que evidencian cómo las nuevas normativas y visiones sobre la autonomía personal han afectado la vida cotidiana de individuos, familias e instituciones educativas. A continuación, se presentan algunos estudios de caso que destacan las implicaciones más evidentes de este fenómeno.

Caso 1: La Familia Pérez y el Conflicto de Autoridad Parental

La familia Pérez, una familia típica en una ciudad mediana, vivió un cambio drástico en su dinámica cuando las leyes de derechos de los niños y adolescentes comenzaron a fortalecerse, promoviendo una mayor autonomía de los menores en la toma de decisiones. Con un hijo adolescente, Alejandro, la familia experimentó un conflicto directo entre los valores tradicionales de autoridad parental y las nuevas normas de derechos individuales. Alejandro, influenciado por el discurso de libertad personal promovido en las redes sociales y en su círculo de amigos, comenzó a desafiar abiertamente las normas establecidas por sus padres, cuestionando constantemente su autoridad.

A pesar de los esfuerzos por parte de los padres de imponer disciplina y límites claros, Alejandro argumentaba que sus derechos individuales estaban siendo vulnerados, citando leyes y normas que respaldaban su autonomía. Este caso muestra cómo la evolución de las normativas de derechos ha resultado en una pérdida de control de los padres sobre el comportamiento de sus hijos, quienes, en lugar de recibir orientación, se sienten legitimados para tomar decisiones sin considerar las consecuencias de sus actos. La falta de una estructura de autoridad familiar clara tuvo un impacto negativo no solo en el comportamiento de Alejandro, sino también en su rendimiento académico y relaciones sociales.

Caso 2: La Escuela Secundaria y el Desafío a la Autoridad Docente

En el ámbito educativo, el caso de la Escuela Secundaria Valle Verde pone de manifiesto cómo el debilitamiento de la autoridad docente ha afectado el ambiente de aprendizaje. La escuela, que había sido conocida por su disciplina y estructura, comenzó a enfrentar un aumento en los incidentes de indisciplina y confrontación con los profesores cuando se aplicaron nuevas regulaciones que protegían de manera estricta los derechos de los estudiantes.

Los maestros, quienes anteriormente tenían una posición de autoridad en el aula, ahora se encontraron limitados en su capacidad para imponer normas de conducta. Los estudiantes, amparados por los derechos que les otorgaba la normativa reciente, comenzaron a desafiar de manera abierta las reglas de comportamiento. El caso más significativo ocurrió cuando un grupo de estudiantes interrumpió una clase de forma persistente, y el maestro, al intentar imponer disciplina, fue denunciado por un estudiante ante las autoridades escolares bajo acusaciones de abuso de poder.

Este incidente refleja el desequilibrio creciente entre el respeto hacia las figuras de autoridad y la percepción de los estudiantes de que sus derechos individuales estaban siendo violentados por normas escolares consideradas obsoletas. El resultado fue una caída en la calidad de la educación, ya que los profesores no podían mantener el orden en las aulas, y la capacidad de los estudiantes para aprender y desarrollarse en un ambiente estructurado se vio comprometida.

Caso 3: La Cultura Digital y la Desafección hacia las Normas Sociales

En el ámbito más amplio de la sociedad, el cambio en los patrones de comportamiento se puede observar también en la cultura digital. La proliferación de redes sociales ha permitido una plataforma donde los usuarios, especialmente los jóvenes, ejercen una libertad de expresión sin precedentes. Sin embargo, esta libertad ha dado lugar a un fenómeno de "desinhibición digital", donde los límites de lo socialmente aceptable se diluyen.

Un estudio realizado por el Centro de Investigación Social Digital de la Universidad de Madrid analizó la participación de jóvenes en redes sociales y descubrió que muchos de ellos, al sentirse empoderados por la protección que otorgan las plataformas digitales, expresan opiniones radicales, rechazan la autoridad e incluso atacan a figuras públicas o instituciones sin remordimiento. En muchos casos, los usuarios no solo desafían las normas sociales tradicionales, sino que también participan en prácticas de bullying digital, acoso y difusión de contenidos que violan las normas morales y éticas sin considerar las repercusiones.

La tendencia de actuar sin consecuencias en línea refleja la expansión de un concepto de libertad que no toma en cuenta la responsabilidad social. Este fenómeno es un claro ejemplo de cómo la tecnología, al otorgar anonimato y distanciamiento, ha facilitado el desbordamiento de los límites previamente establecidos, erosionando los principios de respeto mutuo y convivencia pacífica.

Reflexión Final sobre los Casos Estudiados

Los estudios de caso presentados muestran cómo las leyes que promueven los derechos individuales, si bien han sido fundamentales para la inclusión y el respeto hacia las personas, también han producido efectos secundarios que deben ser analizados. Los casos de la familia Pérez, la escuela secundaria Valle Verde y la cultura digital revelan cómo, en la búsqueda por proteger la autonomía personal, se ha generado una desconfianza hacia la autoridad y una dilución de las normas que sustentan el tejido social.

La tarea ahora no es simplemente la de preservar las leyes que han propiciado la inclusión, sino también encontrar maneras de equilibrar los derechos con las responsabilidades que conllevan. La experiencia de estos casos demuestra que la libertad no puede ser concebida como un valor aislado, desvinculado del respeto a los demás y al marco normativo que organiza la convivencia. Si no se restablece un equilibrio entre libertad y responsabilidad, los efectos que estamos observando hoy podrían extenderse aún más, comprometido el orden social y la cohesión comunitaria.

5

Contrapuntos y Perspectivas Alternativas

Para ofrecer un análisis equilibrado, es fundamental considerar las perspectivas a favor de las leyes que han sido objeto de crítica en los capítulos anteriores. Estas normativas, aunque han sido presentadas como disruptivas de la autoridad tradicional y promotoras de un supuesto "libertinaje," también han logrado avances importantes en la inclusión, protección de los derechos humanos, y promoción de la igualdad. Al mismo tiempo, el debate sobre la diferencia entre libertad y libertinaje es crucial para entender los matices de este cambio social y cómo se puede encontrar un equilibrio.

Perspectivas a Favor de las Leyes

Las leyes de inclusión, derechos humanos, derechos de los niños y adolescentes, y de igualdad de género han transformado positivamente muchas facetas de la sociedad. Aunque estas normativas han sido criticadas por debilitar la autoridad tradicional, es importante reconocer los significativos beneficios que han traído.

Mejoras en la Inclusión

Una de las contribuciones más destacadas de estas leyes es la mejora de la inclusión en diferentes ámbitos de la vida social. Antes de su implementación, muchas personas pertenecientes a minorías étnicas, religiosas, sexuales o con discapacidades eran objeto de discriminación sistemática. Las leyes de inclusión han ayudado a reducir estas desigualdades al garantizar que todas las personas, independientemente de sus características personales, tengan acceso a las mismas oportunidades y sean tratadas con dignidad y respeto.

Por ejemplo, las políticas de inclusión en el ámbito educativo han asegurado que estudiantes con discapacidades físicas o mentales reciban el apoyo necesario para participar plenamente en la educación, algo que antes era casi impensable. Del mismo modo, las normativas que promueven la diversidad cultural han permitido a estudiantes de diferentes orígenes étnicos conservar su identidad cultural mientras se integran en la sociedad más amplia.

Protección de los Derechos Humanos

Las leyes de derechos humanos han sido fundamentales en la construcción de una sociedad más justa y equitativa. Estas leyes protegen a los individuos de abusos y garantizan que sus derechos fundamentales, como la libertad de expresión, la igualdad ante la ley, y el acceso a la justicia, sean respetados. En este sentido, han jugado un papel crucial en la lucha contra la opresión y la marginación.

Un ejemplo concreto de los beneficios de estas leyes es la protección de las minorías sexuales. Antes de la implementación de marcos legales específicos, muchas personas LGBTQ+ enfrentaban discriminación y violencia sin la posibilidad de recurso legal. Las leyes de derechos humanos han cambiado este panorama, proporcionando un marco para la protección y el reconocimiento de los derechos de todas las personas, independientemente de su orientación sexual.

Además, estas normativas han permitido una mayor vigilancia y sanción de prácticas como la tortura, el tráfico de personas y otras formas de abuso, que anteriormente podrían haber sido pasadas por alto o incluso justificadas por las estructuras de poder tradicionales.

Promoción de la Igualdad

La igualdad de género es quizás uno de los ámbitos donde estas leyes han tenido un impacto más visible. A través de la legislación, se ha promovido la equidad entre hombres y mujeres, lo que ha llevado a avances significativos en la participación femenina en la fuerza laboral, la política y otros ámbitos públicos.

Las leyes que prohíben la discriminación de género en el lugar de trabajo han permitido que las mujeres accedan a posiciones de liderazgo que antes les eran negadas. Además, la legislación que promueve la igualdad de género en la educación ha ayudado a cerrar la brecha de género en áreas como las ciencias y las matemáticas, donde las mujeres históricamente habían sido subrepresentadas.

También es importante destacar el impacto positivo en las dinámicas familiares. Al promover la igualdad de género, estas leyes han fomentado una distribución más equitativa de las responsabilidades domésticas y el cuidado de los hijos, desafiando los roles de género tradicionales y permitiendo que tanto hombres como mujeres participen plenamente en todas las esferas de la vida.

Debate sobre Libertinaje vs. Libertad

El debate sobre la diferencia entre libertad y libertinaje es central para entender las consecuencias de las nuevas normativas en la sociedad contemporánea. La clave está en discernir dónde termina la libertad legítima y comienza el libertinaje, y cómo la sociedad puede encontrar un equilibrio que respete los derechos individuales sin sacrificar la cohesión social y la moralidad colectiva.

Libertad: Un Derecho Fundamental

La libertad es uno de los derechos humanos más preciados y fundamentales. Implica la capacidad de actuar según la propia voluntad dentro de los límites del respeto a los derechos de los demás. La libertad, en su sentido más noble, es la base de la dignidad humana, permitiendo a las personas perseguir sus sueños, expresar sus ideas y vivir de acuerdo con sus convicciones personales.

La promoción de la libertad ha permitido que sociedades enteras se liberen de las restricciones opresivas del pasado. Por ejemplo, la libertad de expresión ha sido esencial para el progreso democrático, permitiendo el debate y la crítica necesarios para el cambio social. Del mismo modo, la libertad de elección en áreas como la educación, la profesión y el matrimonio ha empoderado a individuos para tomar decisiones que mejoren su calidad de vida y bienestar.

En este sentido, las leyes que garantizan las libertades individuales son fundamentales para la construcción de una sociedad justa y equitativa. Sin embargo, la cuestión surge cuando estas libertades no se ejercen de manera responsable.

Libertinaje: La Distorsión de la Libertad

El libertinaje, por otro lado, se refiere a un uso excesivo o abusivo de la libertad, donde las acciones de un individuo no consideran las consecuencias para los demás o para la sociedad en general. A diferencia de la libertad, que se basa en el respeto mutuo y la responsabilidad, el libertinaje a menudo implica una indulgencia en deseos y comportamientos sin preocuparse por las normas sociales o las repercusiones morales.

El libertinaje puede manifestarse en una variedad de formas, como el rechazo a la autoridad, el desprecio por las normas morales y el abuso de los derechos individuales para justificar comportamientos antisociales. Cuando el libertinaje se convierte en un fenómeno común en una sociedad, puede conducir a un desmoronamiento de las estructuras sociales que permiten la convivencia y el bienestar colectivo.

Encontrando un Equilibrio entre Libertad y Responsabilidad

Para evitar que la libertad degenere en libertinaje, es necesario un enfoque equilibrado que combine la protección de los derechos individuales con la promoción de la responsabilidad social. Esto implica educar a los ciudadanos sobre la importancia de los límites y las consecuencias de sus acciones, tanto para ellos mismos como para los demás.

Las instituciones educativas, las familias y los medios de comunicación juegan un papel crucial en este proceso. Es necesario fomentar una cultura en la que la libertad sea valorada, pero también comprendida en su contexto social y moral. Las leyes y políticas deben reflejar este equilibrio, promoviendo la libertad sin permitir que se convierta en una excusa para el comportamiento irresponsable o perjudicial.

Un enfoque proactivo podría incluir la promoción de programas educativos que enseñen a los jóvenes sobre los límites de la libertad, la importancia del respeto mutuo y las responsabilidades que acompañan a sus derechos. Al mismo tiempo, es vital que la sociedad en su conjunto defienda los valores que sostienen la cohesión social, como el respeto por la autoridad legítima y la importancia de las normas morales.

Conclusión de la Sección

Las leyes de inclusión, derechos humanos y de igualdad de género han sido fundamentales para el progreso social, garantizando que más personas tengan acceso a los derechos y oportunidades que merecen. Sin embargo, el desafío reside en encontrar un equilibrio entre la protección de estas libertades y la prevención del libertinaje que puede socavar la cohesión y la moralidad social.

Este equilibrio es clave para construir una sociedad donde la libertad no sea solo el derecho a hacer lo que uno quiere, sino la capacidad de hacerlo dentro de un marco de respeto y responsabilidad hacia los demás. Las leyes deben continuar evolucionando para reflejar esta comprensión matizada de la libertad, asegurando que se promueva el bienestar individual sin sacrificar el bien común.

6

Reflexión Final

A lo largo del análisis, hemos visto cómo la implementación de leyes y normativas orientadas a la protección de derechos ha generado desafíos significativos en la autoridad parental y educativa. Ahora, es crucial explorar enfoques que puedan restaurar un equilibrio entre estos derechos y la autoridad, asegurando que las generaciones futuras se formen en un entorno que les permita desarrollar tanto su autonomía como el respeto por las normas sociales y morales.

Propuestas del autor

1. Reforzar la Autoridad Parental con Educación y Apoyo Legal

Para restaurar el equilibrio entre los derechos individuales y la autoridad parental, es fundamental empoderar a los padres con conocimientos y herramientas que les permitan ejercer su autoridad de manera efectiva pero dentro de los marcos legales vigentes. Una propuesta clave es el desarrollo de programas educativos dirigidos a padres, donde se les enseñe sobre los derechos de los niños y adolescentes, pero también sobre cómo establecer límites claros y consistentes sin violar esos derechos.

Además, es necesario que las leyes sean revisadas y adaptadas para brindar un respaldo más claro a la autoridad parental, evitando que los derechos de los menores sean utilizados como excusa para desobedecer o desafiar a los padres. Esta adaptación podría incluir la creación de directrices que establezcan un equilibrio entre el derecho de los niños a ser escuchados y protegidos, y la necesidad de que los padres mantengan un rol de autoridad en el hogar.

2. Promover una Educación en Valores y Responsabilidades

Es crucial que la educación, tanto en el hogar como en las escuelas, no solo se enfoque en los derechos individuales, sino que también subraye la importancia de las responsabilidades que estos derechos conllevan. Esto podría lograrse a través de la implementación de programas curriculares que enseñen a los jóvenes sobre ética, respeto a la autoridad y la importancia del bien común.

Los colegios y centros educativos deben reintroducir y reforzar la educación en valores, haciendo hincapié en la importancia del respeto mutuo, la responsabilidad personal y el entendimiento de que los derechos vienen acompañados de deberes hacia los demás. Este enfoque ayudará a los jóvenes a comprender que la libertad no es sinónimo de libertinaje, y que el respeto por las normas y la autoridad es esencial para la convivencia en sociedad.

3. Fortalecer el Rol de los Maestros y el Sistema Educativo

El sistema educativo debe recuperar su capacidad para disciplinar y guiar a los estudiantes dentro de un marco de respeto mutuo. Esto no significa regresar a métodos autoritarios, sino encontrar un punto medio donde los maestros puedan ejercer su autoridad sin temor a repercusiones legales desproporcionadas.

Una propuesta concreta es la creación de un sistema de mediación en las escuelas, donde los conflictos entre estudiantes y maestros puedan resolverse de manera justa, pero sin desautorizar automáticamente al docente. Este sistema podría incluir la participación de padres, psicólogos y autoridades educativas, asegurando que las decisiones se tomen en beneficio del bienestar educativo y emocional de los estudiantes, pero también en apoyo a la autoridad del maestro.

Además, se debe promover un enfoque colaborativo entre padres y maestros, estableciendo canales de comunicación efectivos que permitan a ambas partes trabajar juntas en la formación de los jóvenes. La creación de comités escolares compuestos por padres, maestros y estudiantes podría ser una forma efectiva de implementar esta colaboración, asegurando que todos los puntos de vista sean considerados al tomar decisiones sobre la educación y disciplina en las escuelas.

4. Reevaluar las Políticas de Inclusión y Género desde una Perspectiva de Integración Social

Las políticas de inclusión y de igualdad de género deben ser evaluadas continuamente para garantizar que, si bien promueven la igualdad, también integren de manera efectiva a todos los miembros de la sociedad sin causar confusión o conflictos innecesarios.

Una propuesta en este sentido es la implementación de programas de educación sobre diversidad que no solo promuevan la aceptación, sino que también faciliten el diálogo y el entendimiento entre diferentes grupos. Estos programas deben ser diseñados para que los estudiantes comprendan que la igualdad de género y la inclusión no significan la eliminación de todas las diferencias, sino el respeto y la valoración de esas diferencias dentro de un marco de equidad y respeto mutuo.

Además, es importante que las políticas de inclusión sean lo suficientemente flexibles como para adaptarse a las realidades culturales y sociales de cada comunidad, evitando imponer un enfoque homogéneo que podría ser percibido como intrusivo o ajeno a los valores locales.

5. Fomentar el Diálogo Intergeneracional

Un componente clave para resolver los conflictos entre las normas tradicionales y las nuevas leyes es el diálogo intergeneracional. Es fundamental crear espacios donde las diferentes generaciones puedan compartir sus perspectivas y llegar a un entendimiento mutuo.

Esto podría lograrse a través de la organización de foros comunitarios, talleres y mesas redondas donde padres, jóvenes, maestros y otros actores sociales discutan abiertamente sobre las implicaciones de las leyes de derechos humanos, inclusión y género en la vida diaria. El objetivo de estos diálogos sería encontrar un terreno común donde los valores tradicionales puedan coexistir con los nuevos derechos, en un ambiente de respeto y cooperación.

Conclusión

A lo largo de este análisis, hemos desentrañado el impacto de las leyes y normativas modernas en la moralidad y la educación, y cómo estas transformaciones han generado tensiones significativas en las estructuras familiares, escolares y sociales. Si bien el avance hacia la protección de derechos individuales representa un triunfo de la humanidad, también ha planteado un reto crucial: ¿cómo equilibrar la autonomía personal con la necesidad de una estructura de autoridad que fomente el respeto por las normas sociales y morales?

El futuro de la moralidad y la educación no puede depender únicamente de la promulgación de leyes o la aplicación de políticas; debe ser el resultado de un esfuerzo conjunto, consciente y sostenido por parte de todos los sectores de la sociedad. Las generaciones futuras heredarán un mundo complejo, donde las herramientas para prosperar no solo se basarán en el conocimiento técnico, sino también en la capacidad de coexistir en comunidades donde la libertad y el respeto mutuo sean principios fundamentales.

Este equilibrio requiere un enfoque transformador, un cambio en la narrativa actual que permita integrar los derechos individuales con las responsabilidades colectivas. Las soluciones propuestas en este libro ofrecen un marco inicial para abordar esta tarea titánica, pero no pretenden ser definitivas. En su lugar, buscan ser un punto de partida para el diálogo y la acción.

El verdadero desafío no es elegir entre el progreso y la tradición, sino identificar los elementos valiosos de ambos y combinarlos en un modelo que promueva la cohesión social sin sacrificar las libertades individuales. El respeto por la diversidad y la inclusión no debe significar el abandono de las normas que han servido como pilares fundamentales en la formación de generaciones pasadas. De igual manera, las estructuras tradicionales no pueden mantenerse inamovibles frente a los cambios culturales y sociales que exigen mayor equidad e inclusión.

Una sociedad resiliente es aquella que puede adaptarse al cambio sin perder su esencia. Este proceso requiere una revisión constante de las políticas educativas, la implementación de mecanismos de apoyo para las familias y una reevaluación de las dinámicas entre generaciones. Es un trabajo colectivo que debe ser impulsado desde el hogar, las escuelas, las instituciones gubernamentales y las comunidades locales.

El papel de los padres y educadores es crucial en esta transformación. Al empoderar a los adultos para que asuman sus roles como guías y modelos de conducta, se sientan las bases para que los jóvenes comprendan que la libertad no está reñida con la responsabilidad. La autoridad bien ejercida, basada en el respeto mutuo y los valores compartidos, es la clave para formar ciudadanos íntegros y conscientes de su papel en la sociedad.

Finalmente, el futuro de la moralidad y la educación dependerá de nuestra capacidad para escuchar y aprender unos de otros. El diálogo intergeneracional no es solo una herramienta para resolver conflictos, sino un medio para construir puentes entre las perspectivas tradicionales y las contemporáneas. Es en estos espacios de conversación donde surgen las soluciones más innovadoras y viables, y donde se consolida un sentido de pertenencia y propósito colectivo.

El legado que dejemos a las futuras generaciones dependerá de las decisiones que tomemos hoy. Si bien el camino hacia el equilibrio entre derechos y autoridad está lleno de desafíos, también está repleto de oportunidades para crear un entorno más justo, inclusivo y respetuoso. Este libro no solo busca señalar problemas, sino también inspirar a los lectores a convertirse en agentes de cambio, personas dispuestas a cuestionar, innovar y construir un mundo mejor.

El éxito de esta misión no radica en alcanzar una solución perfecta, sino en el compromiso continuo de trabajar hacia un equilibrio que permita a cada individuo florecer en libertad mientras contribuye al bienestar colectivo. La historia de la humanidad nos ha enseñado que los mayores avances provienen de aquellos momentos en los que somos capaces de unirnos en torno a un objetivo común. Este es nuestro momento de actuar, de reflexionar y de transformar nuestra realidad para las generaciones fututas.

7

Apéndices y Referencias

El capítulo final, sirve como un recurso esencial para los lectores interesados en profundizar en los aspectos legales y teóricos discutidos en el texto. Este apartado no solo refuerza la credibilidad del análisis presentado, sino que también ofrece a los lectores una base sólida para su propio estudio o para la aplicación práctica de las ideas expuestas.

Legislación Relevante

En este apéndice, se incluirán extractos clave de las leyes y normativas que han sido fundamentales en el desarrollo del análisis del libro. La inclusión de estos textos permitirá a los lectores examinar directamente las bases legales que sustentan las discusiones sobre la autoridad parental, la moralidad, y la educación en la sociedad contemporánea.

1. Convención sobre los Derechos del Niño (CDN)

Descripción: La Convención sobre los Derechos del Niño, adoptada por la Asamblea General de las Naciones Unidas en 1989, es un tratado internacional que establece una amplia gama de derechos para los niños, incluidos los derechos civiles, políticos, económicos, sociales y culturales.

Extractos Clave:

-Artículo 12: Respeto de las Opiniones del Niño:

-"Los Estados Partes garantizarán al niño que esté en condiciones de formarse un juicio propio el derecho de expresar su opinión libremente en todos los asuntos que lo afectan, teniéndose debidamente en cuenta las opiniones del niño en función de su edad y madurez."

-Artículo 19: Protección Contra el Maltrato:

-"Los Estados Partes adoptarán todas las medidas legislativas, administrativas, sociales y educativas apropiadas para proteger al niño contra toda forma de perjuicio o abuso físico o mental, descuido o trato negligente, malos tratos o explotación, incluido el abuso sexual, mientras el niño se encuentre bajo la custodia de los padres, un representante legal u otra persona que lo tenga a su cargo."

Relevancia: Estos artículos han sido centrales en debates sobre la autoridad parental, ya que refuerzan el derecho del niño a ser protegido y escuchado, pero también han planteado desafíos sobre cómo los padres pueden ejercer disciplina sin violar estos derechos.

2. Ley Orgánica de Protección Jurídica del Menor (España)

Descripción: Esta ley, vigente en España desde 1996 y modificada en varias ocasiones, tiene como objetivo proteger y garantizar los derechos fundamentales de los menores, incluyendo su bienestar y desarrollo integral.

Extractos Clave:

-Artículo 3: Interés Superior del Menor:
-"El interés superior del menor prevalecerá sobre cualquier otro interés legítimo que pudiera concurrir."

-Artículo 9: Derecho a la Integridad Personal:
-"El menor tiene derecho al respeto de su integridad física y moral y, en particular, a no ser objeto de malos tratos, castigos físicos o humillaciones."

Relevancia: Este marco legal es significativo para el análisis de cómo las leyes de protección infantil han influido en las dinámicas familiares y en la capacidad de los padres para disciplinar a sus hijos. Su aplicación ha sido un punto de debate en cuanto a cómo balancear la protección del menor con la necesidad de establecer límites disciplinarios.

3. Ley de Igualdad de Género (México)

Descripción: La Ley General para la Igualdad entre Mujeres y Hombres, promulgada en México en 2006, busca garantizar la igualdad de oportunidades y de trato entre mujeres y hombres, promoviendo la eliminación de cualquier forma de discriminación basada en el género.

Extractos Clave:

-Artículo 5: Principios Rectores:
-"La igualdad entre mujeres y hombres implica la eliminación de toda forma de discriminación basada en el sexo, en el acceso y el control de los recursos y en las oportunidades de desarrollo personal y colectivo."

-Artículo 13: Educación para la Igualdad:
-"Las instituciones educativas, en todos los niveles, deberán incorporar la igualdad de género en sus planes y programas de estudio, fomentando el respeto y la equidad entre los estudiantes."

Relevancia: Esta ley ha sido crucial en la transformación de las normas sociales y educativas en México, pero también ha generado desafíos en términos de redefinir los roles tradicionales de género dentro del hogar y la escuela, impactando las dinámicas de autoridad y disciplina.

4. Ley de Inclusión Escolar (Chile)

Descripción: Promulgada en 2015, esta ley chilena busca asegurar el acceso a una educación de calidad sin discriminación, promoviendo la inclusión de todos los estudiantes, especialmente aquellos con necesidades educativas especiales o provenientes de grupos vulnerables.

Extractos Clave:

-Artículo 2: Principios de Inclusión:
-"La educación se basará en el principio de inclusión, reconociendo la diversidad de los estudiantes y garantizando la igualdad de oportunidades para todos, sin discriminación de ningún tipo."

-Artículo 13: Participación de la Familia:
-"Las familias tendrán un rol fundamental en el proceso educativo de sus hijos, y el sistema educativo

deberá garantizar su participación activa y efectiva en el mismo."

Relevancia: La Ley de Inclusión Escolar ha sido un pilar en la creación de entornos educativos más inclusivos en Chile, pero también ha generado tensiones en términos de cómo se implementa la disciplina y cómo se equilibran las necesidades individuales con la cohesión del grupo.

5. Ley de Protección Integral a la Niñez y Adolescencia (Argentina)

Descripción: Esta ley argentina, sancionada en 2005, establece un marco integral para la protección de los derechos de los niños, niñas y adolescentes, enfatizando la importancia de su bienestar, educación y desarrollo.

Extractos Clave:

-Artículo 4: Protección Integral:
-"El Estado, la familia y la comunidad tienen la obligación de asegurar a los niños, niñas y adolescentes la protección, el respeto y la garantía de sus derechos y libertades."

-Artículo 9: Derecho a la Educación y Cultura:
-"Los niños, niñas y adolescentes tienen derecho a recibir una educación integral que desarrolle sus capacidades y su sentido de responsabilidad, participación y solidaridad."

Relevancia: Esta legislación es fundamental en la discusión sobre cómo las leyes de protección infantil afectan la autoridad parental y educativa, proporcionando un marco de referencia para evaluar los derechos de los niños en contraste con la autoridad de los padres y maestros.

Otros Recursos

Además de los textos legales, es recomendable incluir referencias a documentos complementarios como informes de organismos internacionales (por ejemplo, UNICEF, UNESCO), estudios académicos sobre los efectos de estas legislaciones, y guías de buenas prácticas para padres y educadores.

Guías y Manuales Relevantes:

1. Manual para la Implementación de la Convención sobre los Derechos del Niño (UNICEF)

-Descripción: Proporciona una guía detallada sobre cómo los países pueden implementar efectivamente la Convención sobre los Derechos del Niño en sus sistemas legales y sociales.

2. Guía de buenas prácticas para la Igualdad de Género en la Educación (UNESCO)

-Descripción: Un documento que ofrece estrategias y ejemplos de cómo integrar la igualdad de género en los sistemas educativos de manera efectiva, respetando las diferencias culturales y sociales.

3. Informe sobre la Implementación de la Ley de Inclusión Escolar en Chile (Ministerio de Educación de Chile)

-Descripción: Análisis y resultados de la aplicación de la ley en distintos contextos escolares, destacando tanto los éxitos como los desafíos encontrados.

Conclusión de los Apéndices y Referencias

El apéndice con la legislación relevante no solo proporciona a los lectores las herramientas necesarias para entender mejor el contexto legal de las discusiones presentadas en el libro, sino que también actúa como una base para que los educadores, padres y legisladores puedan buscar mejoras en las normativas existentes o en la aplicación de las mismas.

Finalmente, las referencias y los recursos adicionales proporcionan un camino claro para quienes deseen profundizar en estos temas, contribuyendo a un debate más informado y a una toma de decisiones que pueda equilibrar de manera justa los derechos individuales y la autoridad necesaria para la educación y el desarrollo moral de las futuras generaciones.

Agradecimientos

Quiero expresar mi más sincero agradecimiento a mi familia, quienes han sido el pilar fundamental que me ha permitido culminar este libro. Su apoyo incondicional, sus palabras de aliento y su fe en este proyecto han sido la fuerza que me ha impulsado en cada etapa. En especial, quiero agradecer a mi hija Blanca, cuyo talento y dedicación en la maquetación e ilustración han sido esenciales para dar vida a esta obra. Su compromiso y creatividad han superado todas mis expectativas, y me siento inmensamente orgulloso y agradecido de tenerla a mi lado en este camino.

RUFINO VILLALOBOS

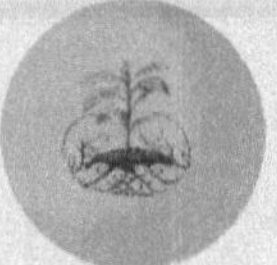

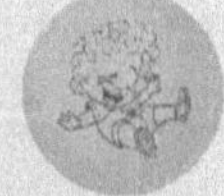

SEMILLAS
DE
INTEGRIDAD

CÓMO FORMAR JÓVENES ÉTICOS Y RESPONSABLES

Sobre el autor

Rufino Villalobos es un escritor venezolano apasionado por explorar la intersección entre historia, cultura y religión. Autor de *El Manuscrito del Hereje*, *La Profecía del Apóstata* y *El Evangelio del Redentor*, su obra profundiza en el conflicto entre fe y poder, cautivando a lectores interesados en misterios profundos y dilemas existenciales. Con un estilo narrativo evocador y una meticulosa investigación, Villalobos invita al lector a reflexionar sobre el mundo desde una perspectiva amplia y libre de prejuicios culturales, ofreciendo en cada página una visión rica y reveladora.